O PEREGRINO

Ilustrado

O PEREGRINO

Ilustrado

UMA ADAPTAÇÃO DO LIVRO DE

JOHN BUNYAN

NOVA EDIÇÃO

Traduzido por Hope Gordon Silva

Copyright © The Moody Bible Institute of Chicago

Publicado originalmente por The Moody Bible Institute of Chicago, Illinois, EUA.

Os textos das referências bíblicas foram extraídos da *Nova Versão Internacional* (Sociedade Bíblica Internacional), salvo indicação específica.

Todos os direitos reservados e protegidos pela Lei 9.610, de 19/2/1998. É expressamente proibida a reprodução total ou parcial deste livro, por quaisquer meios (eletrônicos, mecânicos, fotográficos, gravação e outros), sem prévia autorização, por escrito, da editora.

Dados Internacionais de Catalogação na Publicação (CIP)
(Câmara Brasileira do Livro, SP, Brasil)

Bunyan, John, 1628-1688.
O peregrino ilustrado / John Bunyan; tradução Hope; Gordon Silva.
São Paulo: Mundo Cristão, 2008. 2ª ed. revisada.

Título original: Pictorial Pilgrim's Progress.
ISBN 978-85-7325-511-9

1. Alegorias 2. Ficção cristã 3. Peregrinos e peregrinações - Ficção 4. Prosa inglesa 5. Salvação - Ficção 6. Vida cristã - Ficção I. Título.

08-04550   CDD-828.4

Índices para catálogo sistemático:
1. Alegorias em prosa : Século 17 : Literatura inglesa 828.4
2. Prosa alegórica : Século 17 : Literatura inglesa 828.4

Categoria: Ficção

Publicado no Brasil com todos os direitos reservados por:
Editora Mundo Cristão
Rua Antonio Carlos Tacconi, 69 São Paulo, SP, Brasil — CEP 04810-020
Telefone: (11) 2127-4147
www.mundocristao.com.br

2ª edição revisada: julho de 2008
23ª reimpressão: 2023

No reinado de Jaime II, da Inglaterra, o popular pregador protestante John Bunyan (1628-1688) foi preso "por fazer reuniões ilícitas e não se conformar com o culto nacional da igreja anglicana". Não recuou, e foi então recolhido à cadeia de Bedford em 1660, onde permaneceu doze anos.

Estava pronto a sofrer pela fé. Passava o tempo estudando a Palavra de Deus, que assim começou a brilhar com mais glória que nunca para ele. Confessava que ficar longe da esposa e dos filhos doía-lhe "como arrancar dos ossos a carne". Saber que passavam dificuldades "quase lhe despedaçou o coração". Contudo, resolveu "arriscar deixá-los todos com Deus".

Enquanto permanecia ali, no que ele chamava "a cova dos leões", sentia saudades da congregação, dos filhos na fé. Na esperança de fortalecê-los espiritualmente, pôs-se a escrever. E conta a sua experiência:

> Súbito vi-me enredado numa alegoria
> Sobre sua viagem e o caminho à eterna alegria
> Em mais de vinte coisas que pus no papel;
> Isso feito, já mais vinte na cabeça, ao léu,
> A se multiplicar se atiraram novamente,
> Como centelha que voa de brasa ardente.[1]

O resultado foi *O peregrino*, considerado a mais famosa alegoria do mundo. Nesta edição ilustrada, a velha história é reapresentada para instrução e prazer dos jovens, e dos mais velhos.

---

[1] John BUNYAN, *O peregrino*, São Paulo: Mundo Cristão, 1999, p. x.

Sonhei que vi um homem com um fardo às costas

Andando pelo deserto deste mundo, cheguei a um lugar onde havia uma caverna.² Ali me deitei para dormir. Enquanto dormia, tive um sonho.

Vi um homem vestido de trapos, de costas para sua casa, com um livro na mão e carregando um grande fardo (Is 64:6). Olhei e o vi abrir o livro e lê-lo. Enquanto lia, chorava e tremia. Incapaz de conter a angústia, rompeu em dolorosa lamentação: Que devo fazer? (At 2:37).

---

² Prisão.

O homem revela à família sua preocupação

Angustiado, voltou para casa e tentou ocultar sua tristeza; não queria que a esposa e os filhos percebessem sua aflição. No entanto, incapaz de conter-se acabou abrindo o coração:

— Querida esposa e queridos filhos! Tenho me sentido muito aflito por causa de um grande fardo que carrego. Disseram-me que a cidade onde moramos será queimada com fogo vindo do céu. A não ser que encontremos um meio de escapar, todos morreremos.

A família acha que ele está perdendo o juízo

A esposa e os filhos ficaram bastante admirados e assustados, não que acreditassem nele, mas por acharem que ele estava perdendo a razão. Como já anoitecia, insistiram com ele para que se deitasse, na esperança de que uma boa noite de descanso pudesse acalmá-lo.

Está tão agitado que não consegue dormir

A noite foi tão perturbadora quanto o dia. Estava tão agitado que não conseguia dormir, e assim, em suspiros e lágrimas, passou a noite.

"Como você se sente hoje?"

Pela manhã, quando a esposa e os filhos quiseram saber como se sentia, ele respondeu:

— Cada vez pior!

Então reafirmou seus temores da véspera, mas eles se recusavam a ouvi-lo.

Tratam-no com aspereza

A família zombava dele e o censurava. Outras vezes, agia como se ele nem estivesse presente.

Recolhe-se ao quarto e ora pela família

Tendo suportado esse tratamento cruel por algum tempo, voltou ao quarto. Lamentando a própria condição de angústia e afligindo-se pelo comportamento da família, orou a Deus para que tivesse compaixão deles.

Muito angustiado vagueia sozinho pelos campos

Caminhou pelos campos vários dias, às vezes lendo seu livro, às vezes orando, mas sempre em grande aflição. Enquanto lia, clamou em alta voz: "Que devo fazer para ser salvo?".

Olhou para um lado e para outro como quem quer fugir, mas ali permaneceu, pois era incapaz de decidir que direção tomar.

Encontra-se com Evangelista

Vi um homem, chamado Evangelista, aproximar-se dele e perguntar:

— Por que você está chorando?

Ele respondeu:

— Senhor, li neste livro que vou morrer e que depois da morte serei julgado. Não quero morrer e não tenho coragem de enfrentar o julgamento.

— Se a vida é tão cheia de males, por que você não está disposto a morrer? — perguntou-lhe Evangelista.

— Porque receio que este fardo que carrego nas costas me faça descer mais fundo que a sepultura e eu caia no inferno (cf. Is 30:33).

Evangelista entrega-lhe um rolo escrito

— Se sua aflição é tão grande, por que ainda está aqui? — perguntou Evangelista.

— Porque não sei aonde ir.

Então Evangelista entregou-lhe um rolo de pergaminho, no qual se achavam escritas estas palavras: Fujam da ira que se aproxima (cf. Mt 3:7). Quando viu as palavras, voltou-se para Evangelista e indagou: — Para onde fugirei?

Evangelista aponta para um portão estreito

— Vê aquele portão estreito (cf. Mt 7:13-14)?
— Não — ele respondeu.
— Vê aquela luz brilhante (cf. Sl 119:105; 2Pe 1:19)?
— Acho que sim — foi a resposta.

Então Evangelista disse: — Firme os olhos na luz, vá diretamente em sua direção e você encontrará o portão. Bata e receberá instruções sobre o que deve fazer.

O homem deixa o lar para procurar o portão estreito

No sonho vi aquele homem correr, obedecendo às palavras de Evangelista. Ainda não se havia distanciado muito quando a esposa e os filhos começaram a chamá-lo, para que voltasse. Mas o homem, tapando os ouvidos, corria adiante, exclamando: "A vida! A vida! A vida eterna!". Sem olhar para trás, fugia da cidade, em direção ao meio da planície.

Seus vizinhos o observam e chamam

Os vizinhos também vieram vê-lo correr; e enquanto ele corria, uns riam dele, outros procuravam amedrontá-lo e ainda outros chamavam-no de volta. Dois deles resolveram buscá-lo à força. O nome de um era Obstinado; do outro, Volúvel.

Volúvel e Obstinado correm atrás dele

Insistem com ele para que volte

Cristão (esse era seu nome) perguntou-lhes:

— Bons vizinhos, por que vocês me seguem?

— Viemos convencê-lo a voltar conosco.

— Não posso — respondeu. — Vocês moram na Cidade da Destruição (Is 19:18, RC), e ela será destruída com fogo. Se ficarem lá, vocês morrerão com ela. Então, venham comigo, meus bons vizinhos.

— Quê! Deixar nossos amigos e nosso conforto? — perguntou Obstinado.

— Sim — replicou Cristão. — É justamente isso que lhes peço. Os amigos e os prazeres a que você se refere não se comparam com as alegrias que busco. Se estão prontos a acompanhar-me e permanecerem firmes, receberão tudo o que eu receber.

"O que você busca?"

— O que você procura, visto que está disposto a deixar o mundo todo para encontrar? — Obstinado perguntou.

— Busco "uma herança que jamais poderá perecer, macular-se ou perder o seu valor" — disse Cristão (1Pd 1:4). — Está guardada em segurança no céu, e qualquer homem que a busca diligentemente a recebe. Leiam este livro e vocês compreenderão.

— Bobagem! — disse Obstinado. — Deixe esse livro pra lá! Você volta ou não conosco?

— Não — respondeu Cristão. — Já pus a mão no arado e não voltarei atrás (cf. Lc 9:62).

Obstinado acusa Cristão de loucura

— Venha, vizinho Volúvel — retrucou Obstinado. — Voltemos para casa sem ele. Esse louco não sabe o que diz. Considera-se sábio e incomparável a outros.

Volúvel, no entanto, respondeu: — Não zombe dele. Cristão é um homem bom. Se o que ele diz é verdade, acho que vou com ele.

— Quê! Mais um doido! — exclamou Obstinado, aborrecido. — É melhor você vir comigo. Quem sabe aonde esse louco o levará! Volte! Não seja tolo.

Cristão roga, mas Obstinado se recusa a ouvir

Cristão insistiu com Obstinado: — Não lhe peça que volte! Venham os dois comigo. A felicidade e a glória de que falei são verdadeiras. Se não acreditam em mim, leiam o que está escrito neste livro. Cada palavra é a verdade. O escritor do livro derramou seu sangue como garantia.

Então Volúvel diz a Obstinado: — Amigo, acho que vou acompanhar este bom homem e suportar com ele as provações.

E voltando-se para Cristão, continuou: — Amigo, você conhece o caminho que leva ao lugar que procura?

— Evangelista mostrou-me que além desta planície há um portão estreito — respondeu Cristão. — Quando chegarmos lá, alguém nos apontará o caminho a seguir.

— Ótimo — disse Volúvel. — Então, vamos nós dois.

Obstinado volta para casa

— Não farei companhia a esse tipo de pessoa doida e ignorante — disse Obstinado. — Vou pra casa.

Em meu sonho, vi Cristão e Volúvel avançarem lentamente pela planície, andando juntos e conversando.

— Vizinho Volúvel, estou feliz por ter-me ouvido e vindo comigo. Se, como eu, Obstinado tivesse sentido o poder e os horrores do mundo invisível, não teria desistido tão facilmente.

— Agora que eu e você estamos a sós, vizinho Cristão, conte-me mais sobre o lugar aonde vamos. Que tipo de prazeres existem lá e como podemos desfrutá-los?

— Quanto a isso, posso sentir melhor com o coração do que explicar com os lábios. Mas como você deseja compreender, vou ler-lhe as palavras do livro — disse Cristão.

Os dois homens caminham juntos

— Você acha que as palavras do livro são mesmo a verdade? — perguntou Volúvel.

— Sim, claro. Ele foi escrito por alguém que não pode mentir — respondeu Cristão.

— Conte-me o que diz.

— Diz que há um reino eterno onde a morte não pode penetrar e onde viveremos para sempre.

— Que mais?

— Que ganharemos coroas de glória e vestes que nos farão brilhar como o sol.

— Maravilhoso! E o que mais?

— Naquele lugar não há tristeza nem choro. O Senhor daquela terra enxugará todas as lágrimas de nossos olhos (Ap 21:4) — continuou Cristão.

— Quem serão nossos companheiros?

— Criaturas celestes cujo brilho nos ofuscará os olhos. E também milhares e dezenas de milhares que foram para lá antes de nós. Todos são puros de coração, amorosos e santos — explicou Cristão.

Conversando, chegam ao pântano do Desânimo

— Muitos dos santos daquele reino sofreram nas mãos do mundo por amar o Senhor e obedecer-lhe. Alguns foram cortados em pedaços; outros, queimados no fogo; alguns, afogados; e outros, devorados por feras. Agora, no entanto, estão todos vestidos de imortalidade — disse Cristão.

— Tudo isso é estimulador, mas como podemos desfrutar essas coisas? Como vamos compartilhá-las? — insistia Volúvel.

— O Senhor escreveu no livro que tudo nos será concedido gratuitamente se estivermos prontos e lhe pedirmos.

— Estou gostando disso. Vamos nos apressar — disse Volúvel.

— Não posso ir muito depressa por causa do fardo que carrego.

Então, no sonho, vi que se aproximavam de um pântano muito lamacento, no meio da planície.

Caem no pântano

De repente, entretidos com a conversa e desatentos ao caminho, ambos caem no pântano. Atolaram-se de modo a ficar completamente enlameados. Por causa do fardo que carregava nas costas, Cristão começou a afundar.

— Como fomos nos meter neste apuro? — perguntou Volúvel.

— Para dizer a verdade, não sei — respondeu Cristão.

Começando a ficar ofendido, Volúvel disse, já zangado:

— Essa é a felicidade da qual você falou?

Volúvel volta para casa, irado

— Se começamos tão mal, quem sabe os perigos que ainda correremos até o fim da viagem? Se sair vivo desta, aquela bela terra pode ficar só pra você, pois pouco me importo — disse Volúvel.

Então, deu meia-volta e, lutando desesperadamente, escapou do lodaçal pelo lado por onde tinham caído, e voltou para casa. Cristão nunca mais o viu.

Cristão não consegue sair

Abandonado no pântano do Desânimo, o pobre Cristão, sozinho, arrastava-se para a margem mais próxima do portão estreito. Mas não conseguia subir por causa do fardo que levava nas costas e começou a afundar de novo. Então vi em meu sonho que um homem chamado Auxílio aproximou-se dele.

Auxílio tira Cristão do lamaçal

— O que você está fazendo aí? — perguntou Auxílio a Cristão.

— Um homem chamado Evangelista disse-me que viesse até aquele portão estreito, para escapar da ira que se aproxima. Quando estava a caminho, caí neste atoleiro — Cristão respondeu.

— Mas por que você não prestou atenção? — perguntou Auxílio. — Há pedras[3] no pântano por onde você poderia ter atravessado em segurança.

— Estava com pressa de alcançar o portão estreito, então peguei o caminho mais curto — explicou Cristão. — Foi por isso que caí aqui.

Então, Auxílio disse: — Dê-me a mão.

E, tomando Cristão pela mão, puxou-o para fora e o pôs em terra firme.

[3] Referência às promessas.

A origem do pântano do Desânimo

De pé, ao lado de Auxílio, Cristão perguntou:

— Se o caminho da Cidade da Destruição para o portão estreito passa por aqui, por que esse pântano não foi aterrado de modo que os viajantes pudessem atravessá-lo em segurança?

— Não é fácil acabar com esse lodaçal — respondeu Auxílio. — À medida que a pessoa se conscientiza de seu pecado, a escória e a imundície de seu coração escorrem para cá. Daí o nome pântano do Desânimo. Quando o pecador percebe que está perdido, os temores e as dúvidas surgem em sua alma, e tudo isso se acumula aqui, tornando péssimo esse lugar. No entanto, o desejo do Rei não é que esse lugar continue ruim. Durante mais de 1.900 anos os trabalhadores têm procurado consertá-lo.

Auxílio aponta para as pedras

— Por ordem do Rei, foram colocadas no pântano a distâncias regulares pedras boas e sólidas,[4] mas, quando chove e o lamaçal revolve a imundície, as pedras ficam pouco visíveis. Mesmo quando estão à vista, muitas vezes as pessoas ficam atordoadas, erram o passo e caem no lodo. Lá no portão estreito, porém, o terreno volta a ser firme.

[4] Referência às promessas de perdão, aceitação e obtenção da vida pela fé em Cristo.

O indeciso Volúvel chega em casa

Então, em meu sonho, vi que Volúvel já havia chegado em casa, e seus amigos vinham vê-lo. Uns diziam que sua decisão de voltar fora sábia. Outros o chamavam de tolo por ter-se aventurado a acompanhar Cristão. Ainda outros zombavam de sua covardia e diziam: — Uma vez que você iniciou a viagem, por que desistiu por umas poucas dificuldades?

A princípio Volúvel sentiu-se envergonhado no meio deles, sem coragem de sequer levantar a cabeça. Mas logo recobrou o ânimo e começou a ridicularizar o pobre Cristão.

Cristão encontra-se com Sábio-segundo-o-mundo

Então Cristão seguiu seu caminho, sozinho, até que viu à distância alguém que vinha ao seu encontro. Tratava-se de um senhor muito versado, chamado Sábio-segundo-o-mundo. Morava na cidade, muito grande, da Diplomacia Profana (Sabedoria deste Mundo), próxima da que provinha Cristão.

Começam a conversar

Vendo Cristão gemer e suspirar sob o peso de seu fardo, Sábio-segundo-o-mundo perguntou: — Aonde vai com todo esse peso, meu bom homem?

— É verdade, estou mesmo carregado! — disse Cristão. — Não creio que haja no mundo alguém mais sobrecarregado que eu. O senhor pergunta aonde vou? Dirijo-me àquele portão estreito. Soube que um morador de lá pode dizer-me como livrar-me desse fardo.

— Você tem esposa e filhos? — perguntou Sábio-segundo-o-mundo.

— Tenho, mas por causa do peso desse fardo que me oprime já não consigo sentir prazer neles; sinto-me como se não tivesse família (cf. 1Co 7:29).

O conselho de Sábio-segundo-o-mundo

— Tenho um bom conselho para você. Quer ouvi-lo? — perguntou Sábio-segundo-o-mundo.

— Nunca me recuso a ouvir um bom conselho — disse Cristão.

— Então digo que se livre logo desse fardo, pois só assim encontrará alívio para a mente e poderá desfrutar as bênçãos que Deus lhe concedeu.

— É o que busco, um meio de livrar-me desse fardo! — exclamou Cristão. — Mas não posso fazê-lo sozinho, e em minha cidade não há ninguém capaz de ajudar-me. Sigo esse caminho em busca de um lugar onde possa me livrar dele.

— E quem lhe disse que por esse caminho você encontrará alívio?

— Um homem chamado Evangelista.

— Bah! Foi um péssimo conselho — afirmou Sábio-segundo-o-mundo. — Não há caminho mais perigoso! Você pode não acreditar em mim agora, mas descobrirá mais tarde.

O malvado Sábio-segundo-o-mundo engana Cristão

— Vejo que você já encontrou dificuldades. Suas roupas estão cobertas da lama desse pântano e você insiste nesse caminho. Foi apenas o começo das dificuldades, rapaz. Ouça-me, pois sou mais velho que você. Nessa estrada você encontrará cansaço, dor, fome, frio, luta, animais ferozes, trevas e morte. Por que dar ouvidos a um estranho e jogar fora sua vida?

Cristão está quase persuadido

— Antes de tudo, como você arranjou esse fardo pesado? — perguntou Sábio-segundo-o-mundo.

— Lendo este livro que levo comigo — respondeu Cristão.

— Logo vi. Homens fracos como você, que se metem com coisas tão elevadas, ficam confusos. São tomados por tantas dúvidas e tantos temores que se aventuram precipitadamente por um caminho e outro, sem ao menos entender o que buscam.

— Mas eu sei o que quero — retrucou Cristão. — Eu quero me livrar desse fardo.

— Mas esse caminho por onde você vai é muito perigoso. Se é alívio que deseja, por que veio por aqui? Se me ouvir pacientemente, não só lhe direi como pode obter o que procura e evitar esse caminho arriscado, como lhe ensinarei a livrar-se dessa carga. Minhas palavras não só o salvarão da angústia, mas também lhe trarão segurança, felicidade e satisfação.

Convencido, Cristão acredita em Sábio-segundo-o-mundo

— Senhor, eu lhe suplico que me revele esse segredo — pediu-lhe Cristão.

— Ah, assim é melhor. Na distante vila Moralidade há um homem chamado Legalidade. Ele é muito inteligente, muito admirado e capaz de ajudar pessoas a se livrarem de fardos como o seu. Possui grande experiência nessa área. Além disso, pode ajudar aqueles cuja mente está perturbada pelo peso do fardo. Se ele não estiver em casa, há seu filho, um ótimo rapaz que se chama Urbanidade e que é tão inteligente quanto seu velho pai. Lá você encontrará alívio e se livrará desse fardo. Se você não quiser voltar a sua antiga casa (como de fato não aconselho) pode mandar buscar sua esposa e seus filhos e se instalarem na vila da Moralidade. Há muitas casas desocupadas, o aluguel é razoável e a comida é boa e barata. Os vizinhos são muito honestos, gente respeitável e digna de confiança. Portanto, sua vida ali será segura e feliz.

Cristão deixa a estrada

Cristão finalmente concluiu que se essas palavras persuasivas eram verdadeiras, o melhor seria seguir os conselhos de Sábio-segundo-o-mundo. Então perguntou:

— Como se chega à casa desse homem honesto?

Sábio-segundo-o-mundo apontou para um alto monte[5] não distante dali e disse:

— Você está vendo aquele monte alto?

— Sim, estou vendo.

— Siga nessa direção. A primeira casa que avistar é a dele.

Assim Cristão saiu da estrada rumo à casa do sr. Legalidade para buscar auxílio.

[5] Referência ao monte Sinai.

Ao pé do monte, ele sente medo

Quando se aproximava daquele alto monte, Cristão viu um grande penhasco que ameaçava desabar sobre a estrada, e ficou com medo de seguir adiante, receoso de que as pedras lhe caíssem na cabeça. Então parou, sem saber o que fazer. Seu fardo lhe parecia muito mais pesado que antes. Clarões de relâmpagos saíam do monte, e Cristão, temendo ser queimado (Êx 19:16,18), tremia e suava, apavorado (Hb 12:21).

*Cristão vê Evangelista aproximar-se e
sente-se envergonhado*

Começava a arrepender-se de ter seguido o conselho de Sábio-segundo-o-mundo quando vê Evangelista vir em sua direção e corou de vergonha. Evangelista aproximou-se dele e, encarando-o com olhar severo e grave, disse:

— Cristão, que está fazendo aqui?

Sem saber o que responder, Cristão permaneceu calado.

Por que você se afastou do caminho?

— Você não é aquele homem que eu encontrei chorando fora dos muros da Cidade da Destruição? — perguntou Evangelista.

— Sim, sou eu.

— Não lhe indiquei o portão estreito? — confrontou-o Evangelista.

— Sim — respondeu Cristão mais uma vez.

— Então, como você se desviou tão rápido do caminho?

— Assim que saí do pântano do Desânimo, encontrei um homem que me convenceu de que naquela vila adiante eu poderia encontrar uma pessoa capaz de livrar-me do fardo — justificou-se Cristão.

— Quem era ele?

— Pareceu-me uma pessoa respeitável. Falou tanto que me convenceu. Então vim para cá. Mas, quando cheguei aqui, tive medo de que o monte desabasse sobre mim e me esmagasse, portanto não me atrevi a prosseguir.

Evangelista continua a interrogar Cristão

— O que esse homem lhe disse?

— Quis saber aonde eu ia, e lhe contei — continuou Cristão.

— E o que ele disse?

— Perguntou-me se eu tinha família. Disse-lhe que tinha, mas que eu andava tão oprimido por este fardo às costas que já não conseguia sentir-me bem em sua companhia.

— E que mais ele disse? — insistiu Evangelista.

— Disse que eu devia livrar-me logo do fardo. Quando lhe contei que me dirigia ao portão estreito para receber instruções sobre o lugar de libertação, ele disse que me mostraria um caminho melhor e mais curto, um caminho que não apresentasse tantas dificuldades como o que você me indicou. Acreditei nele e saí da estrada certa, vindo para cá na esperança de livrar-me do fardo mais depressa. Mas quando cheguei aqui e vi como as coisas são, parei, assustado. E agora não sei o que fazer — confessou Cristão.

Evangelista repreende Cristão severamente

— Então fique aí e escute — disse Evangelista. — Vou mostrar-lhe o que Deus diz.

Cristão tremia enquanto Evangelista lia, na Palavra, o seguinte: — "Cuidado! Não rejeitem aquele que fala. Se os que se recusaram a ouvir aquele que os advertia na terra não escaparam, quanto mais nós, se nos desviarmos daquele que nos adverte dos céus?" (Hb 12:25). E disse mais: "Mas o meu justo viverá pela fé. E, se retroceder, não me agradarei dele" (Hb 10:38).

Evangelista então aplicou estas palavras a Cristão: — Você se desviou do caminho da paz, veio para este lugar perigoso e quase perdeu a vida.

Cristão se arrepende amargamente

Ao ouvir essas palavras, Cristão prostrou-se e clamou: — Ai de mim! Estou perdido! (cf. Is 6:5).

Evangelista, porém, tomou-o pela mão e disse: — "Todo pecado e blasfêmia serão perdoados aos homens... Pare de duvidar e creia" (Mt 12:31; Jo 20:27).

Cristão sentiu-se reencorajado e levantou-se, tremendo, diante de Evangelista. Este continuou: — Redobre sua atenção ao que vou lhe dizer. Vou mostrar-lhe quem o enganou e a quem ele o enviou. O homem que o encontrou foi Sábio-segundo-o-mundo. Tem o nome certo, pois ele é mundano, ama a moralidade e o acúmulo das virtudes, mas não dá ouvidos ao ensinamento da cruz e da salvação.

Três erros no conselho de Sábio-segundo-o-mundo

— Havia três erros no conselho de Sábio-segundo-o-mundo — explicou Evangelista. — Ele o fez abandonar o caminho certo; procurou tornar a cruz repulsiva para você; e o enviou pela estrada que conduz à morte.

Cristão lamenta sua insensatez

Cristão pensou que tivesse chegado a hora da morte e exclamou: — Fui um tolo em dar ouvidos a Sábio-segundo-o-mundo e abandonar o caminho certo!

Evangelista o orienta de volta ao caminho certo

Então Evangelista lhe mostrou o caminho por onde devia voltar à estrada que conduz ao portão estreito e o advertiu, de modo a não se deixar enganar novamente.

Arrependido, Cristão resolve voltar

Quando Cristão comunicou-lhe sua decisão de retornar, Evangelista sorriu e lhe desejou boa viagem: — Deus o acompanhe.

Cristão se apressa em voltar

Enquanto regressava, Cristão cuidadosamente evitou conversar com as pessoas que encontrava na estrada. Era como se estivesse pisando em terra proibida, e não se sentiu seguro até encontrar-se novamente no caminho certo.

Cristão chega ao portão estreito

Ao chegar ao portão estreito, Cristão viu escrito no alto o seguinte: "Àquele que bate, a porta será aberta" (Mt 7:7). Então se aproximou e bateu.

Boa-vontade abre-lhe o portão

Finalmente um homem de expressão solene chamado Boa-vontade abriu-lhe o portão e perguntou:

— Quem é você? De onde vem? E o que deseja?

— Sou um pobre pecador sob o peso desse fardo. Venho da Cidade da Destruição e vou ao monte Sião a fim de livrar-me da ira que virá — respondeu Cristão.

Boa-vontade puxa Cristão para dentro

Boa-vontade puxa Cristão para dentro rapidamente.
— Por que você fez isso? — perguntou Cristão.
— A pouca distância deste portão fica o Castelo do Diabo — explicou Boa-vontade. — Ele vigia todos os que aqui vêm e atira-lhes flechas. Alguns infelizes são mortos pelas flechadas dele antes de conseguirem entrar.

Cristão se alegra por ter entrado pelo portão estreito

— Eu me alegro e tremo — disse Cristão.
— Quem lhe ensinou o caminho até aqui? — indagou Boa-vontade.

Cristão contou-lhe tudo o que acontecera no caminho.

Boa-vontade mostra a Cristão o caminho reto e estreito

Boa-vontade ouviu com atenção e disse:

— Venha comigo, e eu lhe mostrarei o caminho que agora deve tomar. Olhe para frente. Vê aquele caminho reto? É esse que você deve seguir. Foi aberto pelos antigos profetas e por Cristo e seus discípulos. De cada lado há muitos atalhos sinuosos e largos. Só a estrada certa é reta e estreita. Seguindo por ela, você chegará à casa de Intérprete. Bata à porta, e ele lhe mostrará muitas coisas maravilhosas.

*Cristão segue pela estrada reta em direção
à casa de Intérprete*

Cristão enveredou pela estrada reta. Ao chegar à casa de Intérprete, bateu repetidas vezes. Por fim, alguém atendeu e perguntou-lhe: — Quem é você?

— Quero falar com o dono da casa — respondeu Cristão. Quando Intérprete apareceu, Cristão explicou que Boa-vontade o mandara ali.

"Vou mostrar-lhe muitas coisas"

Intérprete disse: — Entre. Vou mostrar-lhe muitas coisas que lhe serão úteis.

Então, ordenou ao servo que acendesse uma vela e levou Cristão a uma sala reservada.

Retrato de um homem verdadeiramente sério

Cristão viu o retrato de um homem em pé, em atitude solene, como se estivesse fazendo um apelo aos homens. Seu olhar fitava o céu. Trazia na mão o melhor dos livros, e sobre a cabeça, uma coroa de ouro. Atrás dele, estava o mundo.

— Esse homem — explicou Intérprete — é capaz de transformar as pessoas e fazê-las nascer de novo. O mundo atrás dele e a coroa na cabeça mostram que aquele que despreza as coisas da Terra pode desfrutar as bênçãos do céu.

Cristão aprende que há dois modos de varrer uma sala

Em seguida Intérprete levou Cristão a uma grande sala e cheia de poeira, porque nunca fora varrida. Depois de examiná-la por um momento, Intérprete mandou chamar um homem para varrê-la. Enquanto o homem varria, a poeira subiu em nuvens que quase sufocaram Cristão, Intérprete então pediu a uma serva: — Traga água e respingue-a no chão.

Assim o cômodo pôde ser varrido.

O significado da sala empoeirada

— O que significa isso? — perguntou Cristão.
Intérprete respondeu:
— A sala é o coração do homem; o pó é o pecado que o contaminou. Aquele que primeiro começou a varrer é a lei; quem trouxe água e a respingou é o evangelho. A lei, em vez de limpar o coração, só reaviva e aumenta o pecado na alma. Mas, quando a influência doce e preciosa do evangelho entra, o pecado é derrotado e a alma se faz limpa, e em condições de se tornar habitação do Rei da glória.

Paixão e Paciência

Em meu sonho vi Intérprete levar Cristão pela mão e conduzi-lo a um pequeno cômodo onde estavam sentados dois meninos. Um se chamava Paixão e o outro, Paciência. Paixão parecia insatisfeito, enquanto Paciência parecia bem tranqüilo. Cristão perguntou:

— Por que Paixão está tão insatisfeito?

— Seus pais lhe disseram que esperasse até o próximo ano pelas melhores coisas — Intérprete respondeu. — Mas ele as quer agora, e por isso está aborrecido. Paciência, entretanto, está disposto a aguardar.

Um saco de riquezas

Então vi alguém trazer um saco de riquezas e despejá-lo aos pés de Paixão. Rindo de Paciência, com ar de vitória, Paixão apanhou o tesouro. Pouco tempo depois, no entanto, ele o havia desperdiçado completamente, restando nada senão farrapos.

A explicação de Intérprete

— Paixão representa os homens deste mundo; Paciência, os homens do mundo que virá. A exemplo de Paixão, que desejava de imediato todos os prazeres, os homens deste mundo querem receber, agora, todas as coisas boas; não estão dispostos a esperar a vida após a morte. As riquezas de Paixão foram rapidamente desperdiçadas, e isso também ocorrerá com aqueles que buscam a felicidade que o mundo oferece.

Cristão vê uma fogueira inextinguível

Então Intérprete tomou Cristão pela mão e o levou até um muro junto ao qual ardia uma fogueira. Um homem despejava água continuamente a fim de apagar o fogo, mas as chamas e o calor aumentavam cada vez mais.

Cristão perguntou então: — O que isso significa?

— O fogo é a obra da graça no coração humano — explicou Intérprete. — O que joga água nele para apagá-lo é o Diabo. Mas, como você vê, as chamas e o calor se intensificam. Vou mostrar-lhe o motivo.

Cristão descobre por que o fogo não se apaga

Então Intérprete levou Cristão para o lado de trás do muro. Ali ele viu outro homem que, com uma vasilha na mão, despejava óleo no fogo continuamente.

— O que isso significa? — perguntou Cristão.

— Esse é Cristo — disse Intérprete. — Ele usa o óleo de sua graça para levar adiante a obra já começada no coração de seu povo. Os que pertencem a Cristo são filhos da graça, e o poder do Diabo, por maior que seja, não pode apagar a obra da graça já iniciada no coração deles. Como você vê, ele fica atrás desse muro a fim de ensinar-lhe que é difícil para aqueles que são tentados perceberem como a obra da graça é mantida em sua alma.

Cristão vê um portão guardado por quatro homens com armaduras

Em seguida Intérprete conduziu Cristão a um lindo e imponente portão, em frente ao qual permaneciam quatro homens vigorosos, vestidos de armadura. Ao lado, havia um homem sentado diante de uma mesa, sobre a qual conservava um livro onde eram escritos os nomes dos que atravessariam o portão. Em frente a este aglomerava-se um grande grupo de pessoas, aparentemente desejosas de entrar, mas temerosas diante dos homens armados. Sobre os muros do palácio, um grande cortejo de pessoas com vestes brancas observava, de pé.

Um guerreiro valente luta e consegue entrar

Ninguém parecia suficientemente corajoso para arriscar-se em lutar. Finalmente, Cristão viu um homem muito valente adiantar-se até o escrevente e dizer: "Escreva o meu nome, senhor". Feito isso, pôs o capacete, desembainhou a espada e investiu corajosamente contra os quatro homens de armadura, iniciando o combate. Lutaram com valentia mortal. Brandido, porém, impetuosamente a espada, causando e recebendo muitos ferimentos, o homem conseguiu abrir caminho e forçar sua entrada no palácio.

Um coro recebe o guerreiro

Nesse momento ouviu-se um coro de alegres vozes cantando:

Entre, entre;

Glória eterna você terá para sempre.

Então, o guerreiro entrou e o vestiram com roupas brancas, como os demais.

— Acho que compreendo o significado disso — disse Cristão, sorrindo. — Agora deixe-me prosseguir meu caminho.

O homem na gaiola de ferro

— Não. Espere — disse Intérprete — até que eu lhe mostre um pouco mais; então você retornará ao seu caminho.

Intérprete levou-o pela mão a um cômodo muito escuro onde havia um homem sentado dentro de uma gaiola de ferro.[6] Parecia muito triste. Cabisbaixo, mãos cruzadas no colo, suspirava como se tivesse o coração prestes a partir-se.

— O que isso significa? — perguntou Cristão.

— Pode perguntar a ele mesmo — respondeu Intérprete.

---

[6] A gaiola de ferro é uma referência ao desespero.

O homem explica o motivo de sua aflição

Cristão aproximou-se da grade de ferro e perguntou:

— Quem é você?

— Antigamente eu aparentava ser um cristão bom e bem-sucedido. Pensava estar no caminho para a Cidade Celestial, e a idéia de chegar lá me alegrava.

— Mas o que você é agora?

— Hoje sou um homem desesperado, porque deixei de vigiar e ser prudente. Não controlei as paixões. Pequei contra a luz da Palavra e contra a santidade de Deus. Tentei o Diabo, e ele veio a mim. Entristeci o Espírito Santo, e ele se afastou. Endureci o coração de tal modo que não posso me arrepender.

— Mas você não pode se arrepender e voltar?

— Deus me negou o arrependimento. Ai de mim, pois ele me encerrou nesta gaiola. Ó eternidade! Eternidade! Como suportarei o castigo eterno?

Intérprete adverte Cristão

— Que a infelicidade desse homem lhe fique na lembrança e sirva de alerta — aconselhou Intérprete.

— Isso é horrível! — disse Cristão. — Que Deus me ajude a ser prudente. Peço-lhe agora, senhor, que me deixe seguir viagem.

O homem que tremia e estremecia

Intérprete disse-lhe ainda: — Espere. Quero mostrar-lhe apenas mais uma coisa e então você poderá ir.

Levou Cristão a um quarto onde um homem levantava-se do leito. Enquanto se vestia, o homem tremia e estremecia.

— Por que esse homem treme? — perguntou Cristão.

Intérprete ordenou ao homem que respondesse.

— Tive um sonho — disse o homem.

O homem conta o sonho

— Enquanto dormia esta noite, sonhei que os céus escureciam, sobrevindo relâmpagos e trovões. Olhei para cima e vi um homem sentado sobre uma nuvem, assistido por milhares de anjos. Também ouvi uma voz que dizia: "Levantem-se, mortos, e venham para o julgamento!". Os mortos, então, levantavam-se dos túmulos; alguns, cheios de alegria, outros, de medo. Aquele que estava sentado sobre a nuvem ordenou aos anjos: "Lancem o joio e a palha no lago de fogo" (cf. Mt 3:12; 13:40; Ap 20:12,15).

O abismo insondável

— O abismo sem fim abriu-se a meus pés, e dele saíam fogo e fumaça. Pensei que o dia do juízo tivesse chegado, e eu não estava pronto. Fiquei aterrorizado.

Cristão retoma seu caminho, cantando

Depois dessas lições espirituais, Cristão despediu-se. Intérprete deu-lhe a bênção, dizendo: — Que o Consolador o acompanhe sempre, bom Cristão, para guiá-lo no caminho que conduz à Cidade.

Assim, Cristão retomou seu caminho, cantando.

O muro da Salvação

Agora vi em meu sonho que a estrada por onde Cristão viajava era cercada de ambos os lados por um muro, chamado Salvação. Cristão subia, apressado, o caminho, mas com muita dificuldade por causa do fardo às costas.

Cristão chega à cruz, e o fardo lhe cai das costas

Cristão chegou a um lugar íngreme, em cujo topo se erguia uma cruz de madeira, e mais em baixo havia um túmulo vazio. Ao aproximar-se da cruz, o fardo caiu-lhe das costas, rolando para dentro da sepultura, e não o vi mais.

Cristão sentiu-se maravilhosamente aliviado e, com o coração cheio de alegria, disse: — A angústia de Cristo deu-me descanso, e sua morte concedeu-me vida.

Maravilhado, Cristão contempla a cruz

Admirado de que a visão da cruz pudesse livrá-lo do fardo, Cristão contemplava-a, maravilhado. As lágrimas brotavam-lhe dos olhos e rolavam-lhe pela face.

Surgem os três Seres Resplandecentes

Enquanto ali permanecia, contemplando e chorando, três Seres Resplandecentes se aproximaram dele e saudaram-no, dizendo: — A paz esteja com você.

O primeiro disse: — Seus pecados estão perdoados (cf. Mc 2:5).

O segundo despiu-o de todos os trapos e vestiu-o com um manto branco e novo (Zc 3:3-5).

O terceiro colocou-lhe um sinal na testa, deu-lhe um rolo selado e ordenou-lhe que o lesse durante a viagem e o entregasse ao chegar ao Portão Celestial.

Cristão prossegue na jornada, saltando e cantando de alegria

*Cristão encontra-se com Simplório,
Indolência e Presunção*

Vi que Cristão descia o morro. Próximo do vale, à beira de um precipício, encontrou três homens dormindo profundamente com algemas de ferro nos pés. Um chamava-se Simplório, outro, Indolência e o terceiro, Presunção.

Cristão avisa-os do perigo

Vendo-os assim deitados, Cristão foi acordá-los para avisá-los do perigo que corriam.

— Cuidado! Sob vocês há um abismo sem fim! Venham e eu os ajudarei a se livrarem das algemas.

Mas eles disseram: — Não vemos nenhum perigo.

Deitaram-se e dormiram novamente. Cristão não teve outra alternativa senão continuar seu caminho,[7] mas ficou preocupado por eles não verem o perigo que corriam.

---

[7] Se Deus não abrir os olhos, nenhum tipo de persuasão terá êxito.

Cristão encontra-se com Formalista e Hipocrisia

Enquanto Cristão pensava nisso, viu dois homens, Formalismo e Hipocrisia, que saltavam por cima do muro, do lado esquerdo do caminho estreito. Quando se aproximaram, Cristão perguntou:

— De onde vocês vieram? E aonde vão?
— Nascemos na terra da Vanglória e vamos à Cidade Celestial em busca de fama e fortuna.

Cristão questiona seu método de entrada

Cristão prosseguiu: — Vocês dizem que querem ir à Cidade Celestial, mas, em vez de entrar pelo portão estreito, saltaram por cima do muro. Vocês desobedeceram à lei da terra do Senhor da Cidade Celestial, e ele não lhes permitirá entrar.

Eles responderam: — Nosso caminho é mais curto; além disso, é assim que nossos conterrâneos costumam entrar.[8] Você entrou pelo portão estreito, e nós escalamos o muro; o que importa é que todos viajamos pela mesma estrada.

— Eu ando segundo a regra do Senhor — disse Cristão.

— Vocês, pela do próprio coração. Já estão sendo considerados salteadores diante do Senhor do caminho.

---

[8] Alusão aos que entram no caminho sem passar pela porta estreita e, ainda assim, querem justificar sua prática.

Os dois seguiram a seu modo

A dupla apenas disse: — Andaremos do nosso jeito; e você ande do seu.

E assim prosseguiram, cada um a sua maneira.

Formalista e Hipocrisia argumentam com Cristão

Depois de certo tempo, Formalista e Hipocrisia argumentaram com Cristão: — Como você, também guardamos toda a lei. A única diferença entre nós é esse manto que você usa. Quem sabe se não é para cobrir a vergonha de sua nudez?

Cristão responde

— Esse manto me foi dado pelo Senhor da cidade. Quando eu chegar à porta, ele me reconhecerá por esse manto. Tenho um sinal na testa e também um rolo selado, que devo entregar ao passar pelo portão Celestial. Duvido que vocês tenham essas coisas, pois não entraram pelo portão estreito.

Nenhum dos dois respondeu; só olharam um para o outro e riram-se.

Adiante, o monte Dificuldade

Os três prosseguiram até chegarem ao monte denominado Dificuldade, ao pé do qual havia uma fonte de água. Ali havia também duas estradas: uma para a direita e outra para a esquerda. Mas o caminho estreito subia direto entre as duas e levava ao alto do monte.

Cristão bebe água

Cristão dirigiu-se à fonte e tomou um pouco de água, a fim de refrescar-se. Então, com ânimo, iniciou a subida do monte seguindo pelo caminho estreito.

Formalista e Hipocrisia também chegaram ao pé do monte, mas, quando olharam para o cume íngreme, resolveram tomar as estradas laterais. Um escolheu a estrada do Perigo e perdeu-se na floresta; o outro tomou a estrada da Destruição e tropeçou à beira de um abismo caindo para a morte.

Cristão sobe o monte com dificuldade

Então olhei para Cristão, que subia a encosta. Notei que logo ele parou de correr e caminhou, depois parou de caminhar e usou as mãos e os joelhos para subir, em vista do caráter íngreme da subida.

Cristão adormece no caramanchão

Mais ou menos na metade do caminho para o cume do monte, havia um caramanchão aprazível,[9] construído pelo senhor do monte para restaurar as forças dos viajantes cansados. Ao chegar nele, Cristão sentou-se para descansar. Tirando do peito o rolo, começou a lê-lo, mas, já fatigado, adormeceu profundamente, e o rolo caiu-lhe da mão. Enquanto dormia, alguém chegou e o acordou, dizendo: — "Observe a formiga, preguiçoso, reflita nos caminhos dela e seja sábio!" (Pv 6:6).

[9] Alusão à recompensa da graça.

Surgem Timorato e Desconfiança

Cristão levantou-se de um salto e seguiu, apressado, seu caminho. Ao chegar ao alto do monte, surpreendeu-se ao ver dois homens que vinham em sua direção. Um chamava-se Timorato e o outro, Desconfiança. Cristão falou-lhes:

— O que está acontecendo? Vocês estão tomando a direção errada.

Responderam: — Vimos leões no caminho. Quanto mais avançamos, mais perigos encontramos, então resolvemos voltar.

— Vocês me assustam — disse Cristão. — Que caminho devo tomar para ir em segurança? Voltar à minha própria terra significa morte certa. Adiante há o temor da morte. Entretanto, há vida eterna no fim dessa estrada. Vou seguir em frente.

Cristão dá pela falta do rolo

Então enquanto Desconfiança e Timorato desciam o monte, correndo, Cristão seguiu adiante. À medida que caminhava, pensou em ler o rolo para achar algum conforto. Pôs a mão no peito, mas não o encontrou. Ficou confuso e então lembrou-se de que deveria tê-lo deixado cair enquanto dormia no caramanchão. Caiu de joelhos, pediu perdão a Deus e voltou, a fim de procurar o rolo.

Cristão volta correndo à procura do rolo

Enquanto regressava em busca do rolo, suspirava e chorava de arrependimento.

"O Senhor fez aquele caramanchão só para o alento dos peregrinos", disse ele. "Como fui louco e pecador ao dormir no meio das dificuldades!".

Cristão encontra o rolo no caramanchão

Ao chegar de volta ao caramanchão, sentou-se e chorou mais uma vez. Mas afinal, olhando aflito ao redor, encontrou o rolo sob o banco. Com mãos trêmulas e num rápido movimento, apanhou-o e guardou-o de novo no peito. Ninguém seria capaz de descrever a alegria que ele sentia nesse momento. Esse rolo significava seu bilhete de entrada no céu e sua segurança da vida eterna!

Cristão no Palácio Belo

Com que agilidade Cristão subia, agora, o resto do monte! Apesar disso, antes que alcançasse o topo, o sol se escondeu. De novo lamentou a loucura de haver dormido. Lembrava-se das palavras de Desconfiança e Timorato, que se sentiram amedrontados pelos leões que andavam adiante, na estrada. Ele refletia: "Se essas feras me atacarem na escuridão, serei estraçalhado".

Mas, enquanto se arrependia do erro, ergueu os olhos e viu à frente um majestoso edifício, cujo nome era Palácio Belo.

Cristão vê os leões

Então vi em meu sonho que ele se apressava em chegar ao palácio, na esperança de ali encontrar pousada durante a noite. Mas não havia andado muito, quando, ao entrar por uma passagem estreita, viu adiante dois leões deitados em frente ao portão.

O porteiro avisa-lhe que os leões estão acorrentados

"Agora vejo os perigos que assustaram Desconfiança e Timorato", pensou Cristão.

Mas o porteiro, que se chamava Vigilante, vendo Cristão, parado, como quem quer voltar, gritou: — Por que você tem tanto medo? Não tema os leões. Eles estão acorrentados e aí estão para testar sua fé! Conserve-se bem no meio do caminho e nenhum mal lhe sobrevirá.

Cristão vai adiante

Então vi Cristão adiantar-se. Apesar do tremor causado pelo medo que sentia dos leões, seguiu as instruções do porteiro. Embora ouvisse o rugir das feras, elas não lhe causaram nenhum mal. Ao chegar onde se encontrava o porteiro, perguntou: — Posso hospedar-me aqui esta noite?

O porteiro respondeu: — Esta casa foi construída pelo Senhor do monte para o descanso e a segurança dos peregrinos. Mas de onde você vem e para onde vai?

— Vim da Cidade da Destruição e vou para a Cidade Celestial. Rogo-lhe que me dê pousada esta noite.

— Qual é o seu nome?

— Meu nome antes era Desditoso, mas agora é Cristão.

O porteiro questiona Cristão

— Por que você chegou tão tarde? O que aconteceu? O sol já se pôs.

Cristão contou, então, que havia caído no sono enquanto estava no caramanchão e lá perdera o rolo, tendo de voltar para pegá-lo.

Vigilante chama Discrição

Nesse momento, Vigilante, o porteiro, toca um sino. Ouvindo-o, uma jovem chamada Discrição veio e perguntou por que a chamavam. Vigilante apresentou Cristão dizendo: — Você acha que esse homem pode passar a noite aqui?

Discrição interroga Cristão

Em resposta às perguntas de Discrição, Cristão contou-lhe como havia começado aquela viagem e as experiências do caminho. Enquanto Discrição ouvia, lágrimas lhe vieram aos olhos, e então ela disse:

— Vou chamar outros da família para que o conheçam.

Cristão é apresentado à família

Discrição correu à porta e chamou Prudência, Piedade e Caridade. Depois de terem conversado com Cristão, convidaram-no para conhecer o restante da família. À porta, a família toda cumprimentou-o, inclinando-se respeitosamente, e disse: — Entre, bendito do Senhor.

Prudência, Piedade e Caridade conversam com Cristão

Cristão entrou com elas na casa e, quando se sentou, trouxeram-lhe algo para beber. Enquanto o jantar era preparado, Prudência, Piedade e Caridade conversavam com ele. Permaneceram sentados até altas horas da noite, conversando sobre o Senhor do monte. E, então, após uma oração, separaram-se e dirigiram-se a seus aposentos para descansar.

O quarto chamado Paz

Mostraram ao peregrino um grande quarto no primeiro andar, cujo nome era Paz e cuja janela dava para o nascente. Ali Cristão dormiu um sono reparador até o clarear do dia.

Uma biblioteca de livros raros e antigos

No dia seguinte, as amigas disseram a Cristão que não devia sair antes que lhe mostrassem uns registros muito antigos, que continham o histórico da família do Senhor do monte. Tais registros provavam que ele era o Filho de Deus, sem princípio e sem fim, que subjugara reinos e estava pronto a perdoar todos os que o haviam ultrajado. Mostraram-lhe também que ele cumprira todas as profecias a seu respeito.

Armaduras para proteger contra as ciladas do Diabo

Em seguida a família levou-o à armaria e mostrou-lhe todo tipo de armas: a espada, o capacete, o escudo, a couraça, a oração constante e os sapatos que nunca se gastam (Ef 6:11-18). Havia também alguns instrumentos de guerra, com os quais os antigos guerreiros tinham realizado bravos feitos. Cristão ficou encantado com tudo aquilo.

Elas lhe mostram as Montanhas Aprazíveis

Quando Cristão já queria continuar viagem, insistiram que ficasse mais um dia, dizendo: — Se o dia estiver claro, lhe mostraremos as Montanhas Aprazíveis.

Então ele concordou. Na manhã seguinte, levaram-no ao terraço da casa e pediram que olhasse para o sul. Dali ele viu, a grande distância, um país encantador, embelezado com montanhas e florestas.

— É a terra de Emanuel — explicaram. — Quando você chegar lá, alguns pastores lhe indicarão os portões da Cidade Celestial.

Não o detêm por mais tempo

Agora Cristão desejava partir imediatamente; portanto, não o detiveram mais.

Cristão veste a armadura

— Mas antes — disseram-lhe — retornemos à armaria, onde você pode vestir toda a armadura de Deus, para que não seja assaltado pelo inimigo no caminho.

Depois de revestido da armadura, Cristão, acompanhado das amigas, dirigiu-se à porta. Ali perguntou a Vigilante se tinha visto peregrinos por ali.

— Vi — disse o porteiro. — Um homem chamado Fiel passou por aqui. Mas agora já deve ter descido o monte.

— Ah! — respondeu Cristão, muito satisfeito. — Eu o conheço. Ele é da minha cidade, meu vizinho próximo. Preciso apressar-me para alcançá-lo.

Cristão desce o monte Dificuldade

Enquanto Cristão saía, Discrição, Piedade, Caridade e Prudência insistiram em acompanhá-lo. Então, caminharam juntos, conversando sobre o Salvador. Quando começaram a descer o monte, Cristão disse: — A subida foi difícil, mas pelo que vejo a descida também é perigosa.

— Sim — disse Prudência — é verdade. É difícil para o homem descer ao Vale da Humilhação, para onde você está se dirigindo agora, sem se acidentar no trajeto. Por isso o estamos acompanhando.

Suas amigas o presenteiam

No final da descida, ao se despedirem, as amigas deram a Cristão uma garrafa de vinho, um pedaço de pão e um cacho de passas. Ele recebeu os presentes com gratidão e seguiu sozinho para o Vale da Humilhação.

Cristão percebe a presença de Apoliom

No Vale da Humilhação, o pobre Cristão achou-se em apuros. Mal andara uma pequena distância, quando viu um demônio repugnante chamado Apoliom. Cristão começou a apavorar-se e não sabia se voltava ou se procurava defender-se. Resolveu prosseguir, e Apoliom veio a seu encontro.

O terrível monstro Apoliom

O monstro horrendo era coberto de escamas como de peixe, tinha asas como de dragão e pés como de urso. Da boca, que era como de leão, expelia fogo e fumaça. Ele era o rei da Cidade da Destruição e seu propósito era matar Cristão.

Apoliom reivindica seus direitos sobre Cristão

— Você é um de meus súditos — bradou Apoliom. — Sou o príncipe e o deus da Cidade da Destruição. Por que você fugiu de seu rei? Se não esperasse que você chegaria a me servir, eu o arrasaria.

— É verdade que nasci em seu reino — disse Cristão — mas como era difícil servi-lo! Um homem não pode viver com o salário que você lhe paga, pois "o salário do pecado é a morte" (cf. Rm 6:23). Agora eu me uni ao Rei dos príncipes. Gosto de servi-lo, de seu salário, seus servos, seu governo e sua companhia. Não tente me convencer. Sou servo dele e o seguirei.

Apoliom fica zangado

Essas palavras resolutas enfureceram Apoliom. Irado, ele arremessou um dardo inflamado contra o peito de Cristão, mas seu escudo o protegeu. Cristão desembainhou depressa a Espada do Espírito e atacou Apoliom.

Lutam durante metade de um dia

Os dois adversários lutaram, recuando e avançando durante meio dia sem que nenhum dos dois levasse vantagem. Cristão, que estava ferido na cabeça e nos pés,[10] tinha perdido muito sangue. Incapaz já de resistir, caiu, e a espada voou-lhe da mão.

[10] Alusão à fé e ao entendimento.

Cristão dá uma investida mortal contra Apoliom

Quando, porém, Apoliom estava prestes a matá-lo, Cristão estendeu a mão agilmente, agarrou a espada e disse: — "Não se alegre a minha inimiga com a minha desgraça. Embora eu tenha caído, eu me levantarei" (Mq 7:8).

Com isso, desfechou contra Apoliom um golpe mortal que o fez recuar. "Mas, em todas estas coisas somos mais que vencedores, por meio daquele que nos amou" (Rm 8:37), clamou Cristão, e investiu novamente contra ele.

Apoliom voa para longe

Derrotado, Apoliom abriu as asas de dragão e voou para longe. Por uns tempos Cristão não o viu mais.

Cristão dá graças

Durante toda a luta, Cristão se manteve inflexível e sério. Apenas quando conseguiu ferir Apoliom com sua espada de dois gumes é que sorriu e olhou para cima. Então disse: — Darei graças àquele que me livrou da boca do leão e me auxiliou contra Apoliom.

Os ferimentos de Cristão são curados

Então veio-lhe uma mão trazendo folhas da árvore da vida. Cristão pegou-as, colocou-as sobre os ferimentos resultantes da batalha e ficou curado imediatamente.

Cristão satisfaz a fome

Cristão sentou-se para comer o pão e beber o vinho que ganhara. Então, já refeito, seguiu viagem de espada na mão, pensando: — Pode haver outro inimigo por perto.

Contudo, não voltou a encontrar Apoliom no Vale da Humilhação.

O Vale da Sombra da Morte

Vi em meu sonho que Cristão aproximava-se da entrada de outro vale, chamado Vale da Sombra da Morte. Dois homens que voltavam, correndo, deram-lhe más notícias a respeito dos perigos que havia adiante.

— O próprio vale é escuro como breu — disseram. — Vimos também horríveis demônios e dragões do abismo, ouvimos uma gritaria contínua e um clamor como de gente agonizante.

Mas Cristão respondeu: — Mesmo diante do que me dizem, esse deve ser o caminho para o abrigo que almejo.

Cristão entra no vale

Então vi que o caminho através do Vale da Sombra da Morte era cercado, do lado esquerdo, por uma vala muito profunda e, do direito, por um pantanal lamacento. O caminho em si era muito estreito. Enquanto Cristão procurava, de um lado, resguardar-se da vala, do outro, quase caía na lama. Mais ou menos no meio do vale, apro-ximou-se da boca do Inferno, que vomitava fogo e fumaça e emitia ruídos demoníacos horríveis.

Uma nova arma: A oração constante

Aqui Cristão teve de embainhar a espada e fazer uso de uma arma nova chamada toda oração (Ef 6:18). E assim orou: "Ó Senhor, eu te rogo, livra minha alma".

Mas os demônios invisíveis pareciam aproximar-se cada vez mais. Quando estavam quase sobre ele, Cristão bradou em alta voz: — Andarei na força do Senhor Deus!

Então eles se viraram e deixaram de avançar.

Cristão revê sua jornada

Ao amanhecer, ele olhou para trás a fim de ver que perigos enfrentara ao atravessar em meio às trevas. Via agora claramente não só a vala funda de um lado e o pântano lamacento do outro, mas também como era estreita a trilha entre os dois. De longe enxergava os demônios e os dragões, mas na claridade do dia eles não ousavam aproximar-se.

Cristão avista Fiel

Cristão seguia seu caminho pelo vale. Então chegou a uma pequena colina, da qual podia olhar em todas as direções. Ao avistar Fiel, adiante na estrada, gritou:

— Espere-me!

Fiel, no entanto, respondeu: — Não me atrevo a parar, pois o vingador está me perseguindo.

Cristão gaba-se de sua velocidade

Cristão irritou-se ao ouvir isso e correu com todas as forças até passar adiante de Fiel. Sorrindo vaidosamente, esqueceu-se de vigiar os passos e por isso tropeçou e caiu.

Fiel ajuda Cristão

Vendo-o cair, Fiel veio correndo e ajudou-o a erguer-se. Então continuaram a viagem juntos, falando muito amistosamente sobre tudo o que lhes tinha acontecido na peregrinação.

Conversando, caminham pela estrada que leva a Sião

Quanto tempo você ficou na Cidade da Destruição antes de vir atrás de mim? — perguntou Cristão.

— Até não conseguir mais ficar. Tinha esperança de poder acompanhá-lo, mas você já estava muito à minha frente, então tive de caminhar sozinho — respondeu Fiel.

— Você tem notícias do vizinho Volúvel?

— Muitos vizinhos o têm menosprezado e zombado dele, desde que voltou.

—Você não conversou com ele antes de partir? — quis saber Cristão.

— Encontrei-o uma vez na rua, mas ele escapuliu para o outro lado, como se estivesse envergonhado do que fez.

Fiel lhe fala sobre seu encontro com Libertina

— Não caí no pântano do Desânimo como você, nem encontrei perigos no caminho para o portão estreito, mas na estrada fiquei conhecendo uma dama cujo nome é Libertina. Com palavras agradáveis prometeu-me todo tipo de prazeres, mas fechei os olhos para não ser enfeitiçado por ela. Libertina insultou-me, mas segui meu caminho.

Adão tenta Fiel

— Você enfrentou outros perigos? — perguntou Cristão ainda.

— Quando cheguei ao pé do monte Dificuldade — respondeu Fiel — encontrei-me com um homem muito velho que disse chamar-se Adão, da cidade do Engano. Convidou-me para morar com ele e prometeu tornar-me seu herdeiro.

As três filhas de Adão servem guloseimas

— Perguntei-lhe que tipo de casa tinha e que servos possuía. Disse-me que toda espécie de iguarias finas eram servidas em sua mesa e que os servos eram as próprias filhas: Concupiscência da Carne, Concupiscência dos Olhos e Soberba da Vida (cf. 1Jo 2:16, RA). Disse que eu poderia casar-me com todas elas, se quisesse. A princípio pretendia acompanhá-lo, mas depois mudei de idéia.

Adão amaldiçoa Fiel

— Percebi num relance que, se ele se apoderasse de mim, me venderia como escravo — continuou Fiel. — Assim, pedi que se calasse, porque eu jamais iria a sua casa. Então ele me amaldiçoou e disse que mandaria alguém me atormentar. Quando me voltei para vir embora, ele me segurou e sacudiu com tal violência que pensei que seria partido em dois. Isso me fez exclamar: "Miserável homem que eu sou!" (Rm 7:24). E prossegui viagem, subindo o monte.

Um homem me alcançou

— Quando tinha subido quase metade do caminho do monte Dificuldade — contou Fiel — olhei para trás e vi que um homem me seguia, rápido como o vento. Ele me alcançou justamente quando chegava ao caramanchão.

O homem me derrubou

— O homem derrubou-me com uma chicotada. Fiquei no chão, como morto. Quando voltei a mim, perguntei: "Por que você me tratou com tanta crueldade?". Ele respondeu: "Por causa de sua admiração secreta por Adão". Então, deu-me outra chicotada no peito, derrubando-me novamente. Quando voltei a mim pela segunda vez, clamei: "Tenha misericórdia e poupe minha vida!". Sem dúvida ele teria acabado comigo se não tivesse chegado alguém ordenando-lhe que parasse.

Fiel reconhece seu benfeitor

— E quem o fez parar? — perguntou Cristão.

— Não o reconheci a princípio — respondeu Fiel — mas, quando ia embora, vi os sinais dos pregos nas mãos e percebi que era o nosso Senhor.

— Aquele que alcançou você na estrada era Moisés — disse Cristão. — Ele não deixa ninguém escapar e não revela nenhuma misericórdia com aqueles que transgridem a lei.

Descontente

— Conte-me, você se encontrou com alguém no Vale da Humilhação? — quis saber Cristão.

— Sim, encontrei-me com Descontente, que tentou convencer-me a voltar com ele. Disse que o Vale da Humilhação não tinha nenhuma honra. Eu lhe respondi: "O temor do Senhor ensina a sabedoria, e a humildade antecede a honra" (Pv 15:33; cf. 16:18). Prefiro ouvir os sábios do passado e optar pela humildade a buscar o que você chama de honra.

Vergonha fala com Fiel

— Você encontrou mais alguém naquele vale?

— Sim — disse Fiel — encontrei-me com Vergonha, a pessoa mais atrevida que já conheci. Com certeza ganhou o nome errado. Disse que achava aviltante e covarde um homem preocupar-se com religião e que todos os peregrinos do caminho celestial eram medíocres e insignificantes. Entre outras declarações, afirmou que pedir perdão ou fazer restituições é uma vergonha.

Fiel responde a Vergonha

— O que você respondeu? — perguntou Cristão.
— A princípio não consegui pensar em que dizer, mas depois lembrei que "aquilo que tem muito valor entre os homens é detestável aos olhos de Deus" (Lc 16:15). Então disse: "Aqueles que se fazem loucos por amor ao reino de Deus acabam revelando-se os mais sábios. Se eu abandonasse meu Senhor para segui-lo, como eu ousaria encará-lo quando ele se apresentasse face a face?". Então, quando consegui desvencilhar-me dele, segui meu caminho, cantando.

O encontro com Tagarela

Além disso, vi em meu sonho que, enquanto eles prosseguiam, Fiel olhou distraidamente para o lado e viu um homem chamado Tagarela, que caminhava perto deles. Fiel aproximou-se dele e disse:

— Amigo, você também vai para a terra celestial?

— Sim — respondeu Tagarela. — Vamos para o mesmo lugar.

— Vamos juntos, então — disse Fiel. — Usemos o tempo para falar sobre coisas úteis.

Cristão adverte Fiel

Depois de terem conversado um pouco, Fiel dirigiu-se a Cristão e disse, baixinho: — Temos um bom companheiro.

Cristão, porém, respondeu: — Preciso dizer-lhe uma coisa sobre ele. Conheço-o bem, pois ele mora em nossa cidade. Seu nome é Tagarela. É filho de Bem-falar e mora na rua da Parola. Sua língua é habilidosa e está cheio de palavras bonitas, mas a fé não tem lugar em seu coração.

— Então enganei-me quanto a ele. Diga-me, como vamos nos livrar dele?

— Comece a discutir algum assunto sério — aconselhou Cristão — e, então, pergunte-lhe claramente se sua fé é verdadeira ou se é apenas uma questão de conversa. Você verá que ele vai ficar tão farto de você quanto você dele.

Fiel põe Tagarela à prova

Então Fiel distanciou-se um pouco e perguntou a Tagarela:
— Como vão as coisas?

— Bem, obrigado. Acho que poderíamos aproveitar o tempo para conversar.

— Se quiser — respondeu Fiel — podemos falar sobre como a graça salvadora de Deus se manifesta quando está no coração do homem.

Os dois discutem sobre o pecado e a graça

— É uma questão interessante. Em primeiro lugar, a graça induz a um grande clamor contra o pecado — afirmou Tagarela.

— Acho que você deve dizer que ela leva a alma a odiar o pecado — emendou Fiel.

Tagarela fracassa na prova

— Por quê? — argumentou Tagarela. — Que diferença há entre clamar contra o pecado e odiá-lo?

— Há muita — disse Fiel. — Já ouvi muitos clamarem do púlpito contra o pecado, mas mantêm-no no coração e no lar. Diga-me: sua fé é só de palavras, de conversa, ou traduz-se em obras e verdade?

Tagarela corou e disse: — Por que você me faz essa pergunta?

Fiel e Tagarela se separam

— Porque você gosta muito de conversar. Mas para você bebida, cobiça, palavras de baixo calão, mentira e fé, tudo é uma coisa só.

— Já que você está tão pronto a julgar-me — contestou Tagarela — acho que é um pessimista rabugento, com quem não vale a pena conversar. Portanto, até logo.

"Fuja de tudo isso"

Cristão aproximou-se e disse ao irmão: — Eu lhe disse que isso aconteceria. Não pode haver acordo entre as palavras e os desejos carnais dele. Ele prefere deixar sua companhia a corrigir a própria vida. Poupou-nos do trabalho de termos de deixá-lo, pois sua presença seria apenas uma nódoa em nossa companhia. Além disso, o apóstolo Paulo nos adverte que fujamos disso tudo (cf. 1Tm 6:5-11).

Cristão elogia Fiel

— Estou contente por termos tido essa rápida conversa com ele. Falei-lhe claramente; se ele se recusa a arrepender-se, seu sangue não recai sobre mim — concluiu Fiel.

— Você fez bem em falar-lhe com tanta clareza. Seria ótimo se todos os homens agissem dessa forma, pois os homens aprenderiam a ser sinceros ou ficariam pouco à vontade na companhia dos santos.

Seguem juntos, conversando

A companhia mútua e a conversa tornaram a longa viagem agradável e proveitosa para os dois peregrinos, uma vez que trilhavam um caminho inóspito.

Encontram-se com Evangelista

Quando já estavam quase saindo do deserto, olharam distraidamente para trás e divisaram uma figura conhecida.

— É meu bom amigo Evangelista! — exclamou Cristão.

— A paz esteja com vocês, meus amigos. Como passaram desde nosso último encontro?

Cristão e Fiel contaram-lhe tudo o que lhes acontecera no caminho.

— Estou muito contente, não por terem encontrado provações, mas por saírem vitoriosos. Uma coroa incorruptível os espera. Portanto, corram para alcançá-la (cf. 1Co 9:24-27). Acima de tudo, vigiem muito bem o próprio coração e mantenham firme o semblante. Vocês têm em seu favor todo o poder dos céus e da terra.

Evangelista avisa dos perigos adiante

— Obrigado, Evangelista, por essas palavras animadoras — disse Cristão. — E como você é tanto profeta quanto evangelista, conte-nos mais sobre a estrada que ainda temos de percorrer e como podemos resistir aos perigos e vencê-los.

— Meus filhos, vocês já ouviram que é por meio de muita tribulação que se entra no reino de Deus (At 14:22). Como vêem, estão prestes a sair do deserto. Logo chegarão a uma cidade onde serão atacados por inimigos que procurarão matá-los, e um de vocês ou ambos selará o testemunho com o próprio sangue. Mas sejam fiéis até a morte, e o Rei lhes dará a coroa da vida (Ap 2:10).

Os peregrinos aproximam-se da Feira das Vaidades

Então vi em meu sonho que, ao saírem do deserto, chegaram à cidade da Vaidade, onde se realizava uma feira, chamada Feira das Vaidades.

Vendem-se vaidades

Ora, a Feira das Vaidades não é um negócio novo. Há muito tempo Belzebu, Apoliom e Legião viram que os peregrinos que rumavam para a Cidade Celestial precisavam passar por aquela cidade e resolveram instituir uma feira permanente na qual se vendessem vaidades, como honras mundanas e deleites carnais.

Os peregrinos provocam tumulto

Quando os dois peregrinos aproximaram-se da feira, o povo se agitou, formando-se logo um alvoroço. Como a roupa dos peregrinos diferia da dos habitantes da cidade, todos os olharam fixamente, julgando-os tolos ou loucos. Além disso, por falarem a língua de Canaã, ambos pareciam bárbaros incultos aos olhos dos homens deste mundo, que mantinham a feira.

Os peregrinos recusam as vaidades da feira

Fiel e Cristão davam pouco valor às mercadorias oferecidas e, quando os comerciantes os chamavam para comprar, tapavam os ouvidos e diziam alto: "Desvia os meus olhos das coisas inúteis" (Sl 119:37).

Um vendedor zomba deles

Observando o comportamento dos forasteiros, um vendedor zombava deles, dizendo: — O que vão comprar?

Mas eles, muito sérios, responderam: — Nós compramos a verdade.

Isso o fez desprezá-los ainda mais.

A multidão maltrata os peregrinos

Levantou-se na rua um alvoroço tal que toda semelhança de ordem desapareceu, e a multidão começou a ofendê-los. Uns insultavam, outros zombavam e alguns ordenavam que fossem espancados. Finalmente a notícia chegou ao maioral da feira.

Presos e interrogados

Cristão e Fiel foram presos e levados para interrogatório. Em resposta às perguntas, os dois disseram: — Somos peregrinos e estrangeiros neste mundo; estamos a caminho de nossa pátria, a Jerusalém celeste.

Os interrogadores os espancam

Aqueles que os interrogavam, no entanto, por acharem que fossem loucos ou desejassem provocar agitação, espancaram os dois e enlamearam-nos.

Colocados numa gaiola

Depois puseram Cristão e Fiel numa gaiola de ferro, exibindo-os como espetáculo público. Os dois ali permaneceram, como objeto de escárnio e ofensas, sem que ninguém os defendesse. O maioral da feira ria, alto, de tudo o que lhes acontecia.

Os acusadores lutam entre si

Os peregrinos suportavam tudo pacientemente, retribuindo o bem pelo mal, e a bondade pelas injúrias sofridas. Alguns dos homens da feira, menos preconceituosos, começaram a censurar os demais por aqueles abusos. Mas estes, irados, voltaram-se contra aqueles, e as partes começaram a lutar entre si.

Cristão e Fiel são acusados de provocar desordem

"Que sejam castigados com varas!"

Os peregrinos são acorrentados

Ordena-se um julgamento

Cristão e Fiel, entretanto, portaram-se tão sabiamente e suportaram sua humilhação com tal mansidão que outros se juntaram em favor deles. Isso causou tamanha irritação ao partido contrário a ponto de determinar a morte dos peregrinos. Assim, ordenou-se um julgamento.

Fiel prepara sua defesa

Os dois foram levados ao juiz Ódio-ao-bem com a seguinte acusação: "Esses homens são inimigos do comércio e perturbadores da paz. Causaram divisões na cidade e influenciaram uma facção, que aderiu a suas idéias perigosas, desrespeitando a lei de nosso príncipe".

Fiel porém, levantou-se, fazendo a própria defesa nestes termos: — Só me opus ao que contraria a lei daquele que está acima dos mais altos. O príncipe que vocês mencionam é Satanás, o inimigo de nosso Senhor, e eu o desafio junto com todos os seus demônios.

As três testemunhas

O juiz Ódio-ao-bem convocou qualquer pessoa que tivesse alguma queixa contra os réus a comparecer e apresentar as provas. Então entraram três testemunhas: Inveja, Superstição e Bajulação.

Fiel fala ousadamente mais uma vez

Os três homens acusaram Fiel de prejudicar os negócios ao afirmar a impossibilidade de conciliar o cristianismo e os costumes da Feira das Vaidades e de pronunciar-se contra o príncipe Satanás e seus amigos.

Fiel mais uma vez defendeu-se com coragem dizendo: — Estou sendo acusado falsamente. Disse, sim, que tudo o que contraria a Palavra de Deus se opõe ao cristianismo, e que é preciso fé sincera para adorar a Deus. Quanto ao príncipe desta cidade e sua corja, deveriam estar no inferno em vez de nesta cidade. Portanto, que o Senhor Deus tenha misericórdia de mim.

O veredicto: culpado

Então o juiz exigiu do júri que apresentasse o veredicto: se Fiel deveria ser executado ou libertado. Os membros do júri eram os senhores Cego, Injustiça, Lascívia, Malicioso, Libertino, Imprudência, Pretensioso, Malevolência, Mentiroso, Crueldade, Ódio-à-luz e Implacável. Eles já haviam decidido contra Fiel no coração, e por isso não demoraram em apresentar o veredicto de culpado.

Fiel é sentenciado à morte

O juiz Ódio-ao-bem ordenou que Fiel fosse levado ao local da execução e recebesse a morte mais cruel que sua lei pudesse proporcionar.

Fiel foi despido

Foi açoitado

Foi esbofeteado

Foi apedrejado e retalhado com navalhas

Foi traspassado por espadas

Foi queimado

Por último, o amarraram a um poste e o queimaram até as cinzas. Esse foi o fim de Fiel.

Fiel chega à Cidade Celestial

Então vi em meu sonho que, embora Fiel tivesse sido cruelmente queimado no poste, no momento da morte foi elevado às nuvens, diretamente ao portão da Cidade Celestial.

Cristão escapa e Esperançoso junta-se a ele

Cristão foi levado de volta à prisão, onde permaneceu por algum tempo. Mas Deus, que tem poder sobre tudo, agiu de tal modo que Cristão conseguiu escapar e prosseguir seu caminho. Mas ele não ficou só. Foi acompanhado de um homem chamado Esperançoso, que ficara comovido diante do nobre exemplo dos peregrinos.

Os dois homens viajam juntos

Cristão e Esperançoso fizeram um acordo fraternal para andarem juntos na estrada celestial. Esperançoso contou a Cristão que muitos outros homens que estavam na Feira das Vaidades os seguiriam algum dia.

*Os peregrinos encontram Interesse-próprio
(Amor-ao-lucro)*

Pouco depois de deixarem a feira, os dois peregrinos alcançaram um homem na estrada e perguntaram-lhe de onde vinha e para onde ia.

— Venho da cidade Boas Palavras e vou à Cidade Celestial — respondeu, sem mencionar seu nome. Contou, entretanto, que era parente de todas as famílias ricas e nobres de Boas Palavras.

— Na religião, somos diferentes de alguns em dois pontos insignificantes — disse ele. — Nunca lutamos contra o vento e a maré e zelamos muito pela religião quando ela se apresenta com pompas e riquezas.

"Você é o Amor-ao-lucro?"

Adivinhando quem era o homem, Cristão indagou: — Você não é o Amor-ao-lucro?

— Esse não é meu nome verdadeiro, mas um apelido que me atribuem alguns que não gostam de mim. Se me levarem com vocês, verão que sou bom companheiro.

— Se você for conosco — disse Cristão — precisará lutar contra os ventos e as marés e acolher a fé tanto na pobreza dos farrapos como na pompa e na riqueza.

Três companheiros juntam-se a Amor-ao-lucro

Amor-ao-lucro, entretanto, recusou tais condições, e os dois peregrinos afastaram-se dele. Ao deixá-lo, viram que três outros se juntaram a ele: Apego-ao-mundo, Amor-ao-dinheiro e Avarento. Todos se inclinaram e se cumprimentaram com palavras de adulação. Os quatro tinham sido colegas na escola do professor Agarrado, que lhes ensinara a obter êxito por meio da violência, da bajulação e da mentira, usando uma máscara de religião.

Amor-ao-lucro e seus companheiros comentam sobre os peregrinos

Amor-ao-lucro disse aos companheiros: — Cristão e Esperançoso não conhecem a vantagem de mudar com os tempos. Não esperam o vento e a maré favoráveis, mas se apressam na viagem independentemente do tempo. Arriscam tudo por Deus. Quanto a mim, sou a favor de tomar precauções para assegurar minha vida e propriedade. Professarei a fé só enquanto os tempos e minha segurança pessoal favorecerem.

Interrogam os peregrinos

Alcançando os peregrinos na estrada, os homens lhes perguntaram: — Suponhamos que se ofereça a um homem a oportunidade de receber as bênçãos da vida presente, mas que, para obtê-las, ele precise mostrar-se muito religioso. Será que ele não pode usar esse meio para conseguir seu objetivo e ainda ser um homem honesto?

Cristão respondeu: — Até mesmo uma criancinha na fé pode dar resposta a dez mil perguntas como essa. Se não é correto seguir a Cristo para ganhar pão, quanto mais abominável será fazer da fé um pretexto para ganhar e desfrutar o mundo!

Cristão e Esperançoso seguem adiante

Os quatro, embaraçados, entreolharam-se. Sem resposta para dar a Cristão, ficaram para trás e deixaram os peregrinos seguir. Então Cristão disse ao companheiro: — Se esses homens não suportam a sentença dos homens, que farão diante da sentença de Deus?

Demas e a montanha chamada Lucro

Cristão e Esperançoso logo deixaram os outros quatro para trás e chegaram a uma montanha chamada Lucro, onde havia uma mina de prata. De um lado da estrada estava um homem chamado Demas (cf. 2Tm 4:10), que os chamou: — Ei! Saiam da estrada um pouquinho, pois quero lhes mostrar uma coisa!

Os peregrinos não se desviam

Os peregrinos não se deixaram vencer pela tentação de se desviarem e prosseguiram seu caminho. Amor-ao-lucro e seus companheiros, no entanto, atenderam a Demas logo ao primeiro chamado e nunca mais foram vistos na estrada.

Os dois peregrinos encontram um antigo monumento

Vi que os peregrinos chegavam a um lugar onde havia um monumento antigo, de formato estranho. Pareceu-lhes uma coluna em forma de mulher. Na coluna lia-se uma inscrição em escrita antiga, que Cristão conseguiu decifrar: "Lembrem-se da mulher de Ló". Ambos concluíram que essa devia ser a estátua de sal em que se transformara a mulher de Ló por ter olhado para trás com coração cobiçoso enquanto fugia da antiga cidade de Sodoma.

Os peregrinos chegam a um rio agradável

Vi que continuaram andando até um rio muito agradável. Como a estrada ladeava a margem do rio, Cristão e seu companheiro caminhavam felizes. Beberam das águas revigorantes, provaram os diversos tipos de frutas e dormiram em segurança num prado verdejante cheio de lírios que exalavam doce perfume.

Desviam-se para o prado do Atalho

Cristão e Esperançoso lamentaram ter de deixar o agradável rio e voltar à estrada áspera e pedregosa. Sua alma estava desalentada porque os pés lhes doíam devido à longa viagem. Ansiavam por um caminho mais fácil. Um pouco adiante, à esquerda, havia um viçoso campo verde, chamado Atalho. Quando viram uma trilha gramada, que atravessava a campina paralelamente à estrada, não puderam resistir à tentação de segui-la.

Vã-confiança

A vereda era suave aos pés, e eles caminhavam felizes. Então encontraram um homem chamado Vã-confiança, que lhes afirmou conhecer o caminho que levava à Cidade Celestial, e eles o seguiram. Aconteceu, porém, que ao cair da noite, o céu se escureceu e Vã-confiança, que ia à frente, errou o caminho, caindo num fundo abismo e se espatifou.

Perdidos num temporal

Os dois peregrinos gritaram por Vã-confiança, mas só ouviram gemidos. Naquele momento começou a chover e trovejar; os relâmpagos brilhavam de modo assustador, e a água subia rapidamente. Embora procurassem, não encontraram o caminho de volta à estrada principal. Logo descobriram que era mais fácil sair da estrada que retornar a ela.

Adormeceram

Finalmente chegaram a um pequeno abrigo onde permaneceram sentados até o amanhecer e, por estarem cansados, adormeceram.

Capturados pelo gigante Desespero

Ora, não longe desse lugar ficava o castelo da Dúvida, cujo dono era o enorme e terrível gigante Desespero. Caminhando pelos campos na manhã seguinte, o gigante deparou com Cristão e Esperançoso dormindo em seus domínios. Com voz severa e grosseira, ordenou que acordassem.

O gigante obriga-os a entrar no castelo da Dúvida

Quando o gigante pediu explicações sobre o que faziam em sua propriedade, os homens disseram ser peregrinos e que se haviam perdido ao tentar retornar ao caminho. O gigante Desespero, então, os prendeu por terem invadido suas terras e os empurrou para dentro do castelo da Dúvida.

O gigante os tranca num calabouço

O gigante trancou-os numa prisão subterrânea, onde ficaram por três dias e três noites, dormindo sobre pedras e respirando o ar repugnante. Ficaram ali sem comer e sem beber. Sem esperança de serem libertados, começaram a se desesperar.

O gigante consulta a esposa

Já deitado, o gigante Desespero contou à esposa, Desconfiança (Sem-fé), que pegara os dois prisioneiros e os lançara no calabouço por terem invadido seus domínios. Ela o aconselhou a espancá-los sem clemência.

Espancados sem misericórdia

Pela manhã, o gigante Desespero desceu ao calabouço e espancou os peregrinos tão impiedosamente que eles não conseguiam sequer socorrer-se nem virar-se no chão. Mas suportaram o sofrimento sem uma palavra.

"Ordene que eles se matem"

Na noite seguinte, quando soube que os prisioneiros ainda viviam, Desconfiança aconselhou o marido que lhes ordenasse que se matassem. O gigante Desespero foi vê-los mais uma vez e lhes disse, grosseiramente, que seria muito difícil saírem vivos dali e que o melhor seria que eles se matassem.

Cristão e Esperançoso consolam-se mutuamente

Cristão e Esperançoso, no entanto, procuravam consolar um ao outro, e assim permaneceram mais um dia naquela situação lamentável.

Desconfiança aconselhou o marido a levá-los ao pátio do castelo e a mostrar-lhes os ossos e as caveiras daqueles que já tinham sido mortos por terem entrado na propriedade deles.

Os peregrinos vêem as caveiras

Embora ficassem apavorados à vista do terrível espetáculo, os dois peregrinos ainda se recusavam a matar um ao outro. O gigante Desespero, portanto, jogou-os de volta na prisão e voltou a consultar a esposa.

— Temo que eles possuam chaves falsas e que tenham esperança de abrir as fechaduras e escapar — disse ela.

— Pela manhã darei uma busca — disse o gigante.

A chave chamada Promessa

Outra vez no cárcere, Cristão exclamou repentinamente:

— Acabo de me lembrar de que tenho uma chave chamada Promessa! Creio que abrirá qualquer fechadura do castelo da Dúvida.

— Pegue-a e experimente — disse Esperançoso.

Cristão usa a chave

Quando Cristão experimentou a chave na porta da prisão, ela se abriu com grande facilidade e eles saíram silenciosamente. Foi bastante difícil, porém, abrir o portão grande de ferro. Mas, quando por fim se abriu, rangeu tão alto que acordou o gigante Desespero.

*O gigante não consegue persegui-los,
e os peregrinos escapam*

O gigante levantou-se num salto, mas suas pernas falharam, e ele caiu vítima de um ataque, de modo que não pôde persegui-los. Os dois peregrinos escaparam e chegaram à estrada do Rei, onde estavam salvos novamente.

Os peregrinos erigem uma coluna

Depois que Cristão e Esperançoso passaram o portão, sentiram que deviam fazer algo para evitar que outros peregrinos caíssem nas mãos do gigante Desespero. Resolveram erigir uma coluna, na qual inscreveram o seguinte aviso: "Além desta porteira fica o caminho para o castelo da Dúvida, guardado pelo gigante Desespero, que despreza o Rei do País Celestial e procura destruir seus peregrinos".

Frutos e flores nas montanhas Aprazíveis

Os dois peregrinos continuaram a viagem até que chegaram às montanhas Aprazíveis, que pertencem ao Senhor do Palácio Belo. Eles passearam despreocupadamente, admirando os lindos pomares e provando as frutas deliciosas.

Encontram-se com quatro pastores

No alto das montanhas uns pastores apascentavam os rebanhos. Eram Conhecimento, Experiência, Atento e Sincero. Os peregrinos fizeram-lhes perguntas sobre as montanhas e contaram as próprias experiências. Os pastores conduziram-nos pela mão às tendas. Ali insistiram que saboreassem a comida e desfrutassem um pouco mais as montanhas Aprazíveis.

Os peregrinos visitam a colina Erro

Pela manhã, os quatro pastores convidaram os peregrinos a caminharem juntos nas montanhas. Depois de andarem certo tempo, alegrando-se com a bela paisagem, chegaram ao topo de uma colina chamada Erro. Ao olhar para baixo, viram os ossos de homens que se haviam espatifado ao cair no precipício, do lado oposto da montanha.

— O que isso significa? — perguntou Cristão.

Os pastores responderam: — São os ossos dos que se afastaram da verdade e por isso caíram ao encontro da morte.

A vista da montanha chamada Cautela

Depois, os pastores os levaram ao topo da montanha Cautela. Dali eles viram homens a distância, vagando cegamente por entre túmulos.

— O que isso significa? — perguntou Cristão.

— Um pouco abaixo dessas montanhas, vocês não viram uma porteira que dava para a campina ao lado? Aquela porteira conduz ao castelo da Dúvida. Os homens que vocês vêem iniciaram um dia a peregrinação, mas como a estrada era acidentada, entraram na campina e foram capturados pelo gigante Desespero. Ele os cegou e levou para o meio dos túmulos, e ali permanecem a vagar.

Lágrimas de recordação

Cristão e Esperançoso entreolharam-se com lágrimas nos olhos, mas nada disseram.

Um atalho para o inferno

Então vi que os pastores os levaram até uma porta, no sopé de um morro. E abrindo a porta, mandaram que os peregrinos olhassem para dentro. Viram um abismo escuro, do qual subiam nuvens encaracoladas de fumaça e se ouvia o crepitar de fogo. Sentiam o cheiro de enxofre e ouviam os gritos dos atormentados.

— O que é isso? — perguntou Cristão.

— É a porta dos hipócritas, um atalho para o inferno — responderam os pastores.

Os peregrinos olham pelo telescópio

A essa altura, os peregrinos desejavam prosseguir. Então, os pastores os acompanharam até uma alta colina chamada Transparência.

— Vamos lhes mostrar os portões da Cidade Celestial através de nosso telescópio — disseram os pastores.

Mas, quando os peregrinos tentaram olhar, as mãos lhes tremiam de tal modo que não puderam ver claramente. Conseguiram apenas vislumbrar os portões e um pouco da glória do lugar.

Os conselhos de despedida dos pastores

Ao se despedirem, um dos pastores deu-lhes um mapa da estrada; outro pediu que tivessem cuidado com o Adulador; outro ainda alertou-os que não dormissem no Solo Enfeitiçado; e o quarto pastor desejou-lhes boa viagem.

Ignorância

Então vi os dois peregrinos descendo pela encosta da montanha. Embaixo, à esquerda, fica a terra da Presunção, de onde parte uma vereda tortuosa que desemboca na estrada principal. Ali se encontraram com Ignorância, um jovem muito esperto, que vinha daquela terra. Embora ignorasse totalmente a verdade, sua presunção o fazia crer que sabia tudo. Em vão, Cristão e Esperançoso tentaram dissuadi-lo. Ele, porém, continuou a segui-los.

O sr. Volta-atrás

Depois de certo tempo os dois peregrinos entraram numa vereda muito escura. Lá viram um homem a quem sete diabos tinham amarrado com sete cordas resistentes. Eles o levavam de volta à porta que dava para o abismo (cf. Mt 12:45 e Pv 5:22). Seu Nome era Desviado, que morava na cidade da Apostasia. Ao vê-lo, Cristão e Esperançoso começaram a tremer.

Pequena-fé atacado por três bandidos musculosos

Cristão contou, então, a respeito de Pequena-fé, que fora atacado por três malandros: Desconfiança, Covardia e Culpa. Foi Graça Abundante, da cidade de Boa-confiança, quem afugentou os três ladrões.

O homem do manto branco

Assim continuaram andando, seguidos por Ignorância, até que chegaram a um lugar onde a estrada se bifurcava. Os dois peregrinos não sabiam que rumo tomar. Enquanto hesitavam, aproximou-se um homem vestido com um manto branco, que lhes perguntou por que estavam parados ali.

"Sigam-me"

Quando lhe contaram o porquê, disse o homem:
— Sigam-me. Também vou à Cidade Celestial.

O homem os tira do caminho

Assim, eles o seguiram. Mas o caminho que o homem tomara dava voltas e voltas, de modo que em pouco tempo haviam-se desviado da Cidade Celestial.

Emaranhados numa rede

Antes que se dessem conta, o homem os conduzira para uma rede em que se emaranharam tanto que não sabiam o que fazer. Com isso, o manto branco do homem caiu, e eles viram que tinham sido enganados. No entanto, já não podiam sair da rede, e lá permaneceram, chorando, por muito tempo.

— O pastor não mandou que tivéssemos cuidado com o Adulador? — lembrou Cristão. — Experimentamos a verdade das palavras do sábio: "Quem adula seu próximo está armando uma rede para os pés dele" (Pv 29:5).

O Ser Resplandecente com um chicote

Depois de muito tempo, viram um Ser Resplandecente aproximar-se trazendo na mão um chicote de correia curta. Ele rasgou a rede e os soltou. — O homem a quem vocês seguiram é o Adulador, um falso apóstolo que se transformou em anjo de luz (cf. 2Co 11:13-14).

Severamente castigados

Em seguida o Ser Resplandecente mandou que se deitassem e surrou-os energicamente com o chicote, para ensinar-lhes a não se desviarem de novo. Depois disse:

— Sigam-me e eu os levarei mais uma vez ao caminho certo.

Encontram-se com Ateu

Mais tarde viram, bem longe ainda, uma pessoa que vinha na direção deles. Seu nome era Ateu e perguntou-lhes para onde se dirigiam: — Vamos para o monte Sião — disse Cristão.

Ateu zomba de sua fé

Ateu riu alto, dizendo: — Não há neste mundo nenhum lugar como esse com que vocês sonham.

— Mas ele existe no mundo que virá — disse Cristão.

— Procurei esse lugar durante muito tempo, mas não o encontrei — retrucou Ateu. — Agora vou voltar às coisas que abandonei na esperança de encontrar o que não consegui.

Cientes de que ele ficara cego por obra do deus deste tempo, Cristão e Esperançoso afastaram-se dele e continuaram seu caminho.

Pesados e sonolentos no Solo Enfeitiçado

A próxima parada foi o Solo Enfeitiçado. Com o ar carregado, Esperançoso começou a sentir-se muito pesado e sonolento e sugeriu que dormissem um pouco. Cristão, porém, lembrou-lhe o alerta dos pastores de que não deviam dormir ali, mas que vigiassem e fossem sóbrios. Então, para se manterem acordados, conversaram sobre a ação de Deus na vida deles.

Ignorância continua a segui-los

Conversam com Ignorância

— Venha — disse Cristão. — Por que você fica para trás?

— Gosto de andar sozinho — respondeu-lhe Ignorância.

— Como está sua alma diante de Deus? — perguntou-lhe Cristão.

— Cultivo bons pensamentos, tenho um bom coração e vivo segundo os mandamentos de Deus.

A Palavra de Deus

Cristão lhe responde: — A Palavra de Deus diz: "Não há nenhum justo, nem um sequer" (Rm 3:10). Seu nome é Ignorância porque você nada conhece a respeito da retidão de Cristo e dos resultados da fé salvadora.

— Não posso acreditar que meu coração seja mau — disse Ignorância. — Sua fé não é a minha, mas a minha é tão boa quanto a sua.

Ignorância não consegue acompanhá-los

— Nenhum homem pode conhecer Jesus Cristo a não ser pela revelação de Deus, o Pai — argumentou Cristão. — Acorde, veja sua condição miserável e corra para o Senhor Jesus. Pela retidão dele você será salvo da condenação.

— Vocês caminham muito rápido. Não consigo acompanhá-los. Podem ir na frente. Preciso ficar um pouco para trás.

Os peregrinos entram na terra da Desposada

A essa altura os peregrinos já haviam saído do Solo Enfeitiçado e entrado na terra da Desposada,[11] onde o ar era muito refrescante e agradável. Ali ouviam continuamente o canto dos pássaros e viam as flores brotando da terra. Ali também o sol brilhava noite e dia.

---

[11] O autor se baseia em Isaías 62:4.

Os peregrinos à vista da cidade

Perceberam que já conseguiam divisar a cidade. Encontraram-se com muitos Seres Resplandecentes que passeavam pelo jardim. Nada lhes faltava aqui, pois havia abundância de tudo o que haviam procurado durante a peregrinação.

A cidade vista mais de perto

Aproximando-se da cidade, viram que era construída de pérolas e pedras preciosas, e que as ruas eram calçadas de ouro. Ouviram vozes que procediam da cidade, dizendo: "O seu Salvador vem! Veja! Ele traz a sua recompensa" (Is 62:11).

Os jardins

Quando chegaram mais perto, encontraram pomares, vinhedos e jardins.

— De quem são esses jardins? — perguntaram os peregrinos ao jardineiro que estava no caminho.

— Pertencem ao Rei e foram plantados aqui para seu prazer e para o conforto dos peregrinos — respondeu-lhes o jardineiro.

Os peregrinos adormecem

Com prazer o jardineiro os conduziu às vinhas e disse-lhes que podiam comer quantas frutas quisessem. Também lhes mostrou as alamedas e os caramanchões onde o Rei gostava de estar. Ali eles se demoraram e dormiram.

A glória da cidade

Então vi que, ao despertarem, prosseguiram novamente a viagem. Mas o reflexo dos raios de sol na cidade de ouro puro era tão glorioso que eles não conseguiam contemplá-la com o rosto descoberto.

Dois homens com vestes resplandecentes

Enquanto caminhavam, dois homens vieram ao encontro deles. Estavam vestidos com roupas reluzentes como o ouro, e seus rostos resplandeciam como a luz. Os homens perguntaram aos peregrinos de onde vinham. Ouvindo a resposta, disseram:

— Vocês têm apenas mais duas dificuldades que vencer e depois entrarão na cidade.

Os dois homens acompanharam os peregrinos até avistarem a porta.

Descem à água

Entre os peregrinos e a porta havia um rio. Não existia ponte alguma para atravessar, e a água era muito profunda. Os peregrinos ficaram atordoados, mas os homens que os acompanhavam disseram: — Precisam passar pelas águas ou não poderão entrar pela porta.

Em obediência às palavras daqueles homens, Cristão e Esperançoso desceram à água com temor e tremor.

Cristão começa a afundar

Quando sentiram que a água os envolvia, Cristão começou a afundar e gritou ao amigo: — Estou me afogando. A corrente está me puxando para o fundo.

Esperançoso anima Cristão

— Coragem, meu irmão. Sinto o fundo com meus pés. É firme.

Mas Cristão replicou: — Ai, meu amigo, as tristezas da morte me rodearam. Não verei a terra de onde emana leite e mel.

Nesse momento, caiu sobre ele o horror de uma grande escuridão.

Cristão desfalece de medo

O coração de Cristão desfalecia com o medo de se afogar no rio e nunca entrar na Cidade Celestial; agora ele já não conseguia lembrar-se da graça e da paz nem falar delas.

Salvos na margem oposta

Por algum instantes, Esperançoso fez tudo o que pôde para conservar fora d'água a cabeça do irmão. Cristão recusou o consolo até que ouviu Esperançoso dizer: — Jesus Cristo cura você!

Então ambos cobraram ânimo até que atravessaram e sentiram o chão firme sob os pés. Na outra margem viram os dois Seres Resplandecentes que os esperavam. Eles saudaram os peregrinos e disseram: — Somos espíritos ministradores enviados pelo Senhor para auxiliá-los.

A Cidade Celestial à frente: a armadura fica para trás

Agora vi em meu sonho que a Cidade Celestial situava-se sobre um monte. E os dois peregrinos subiam o monte com facilidade, porque tinham consigo os dois Seres Resplandecentes para guiá-los.

As hostes celestiais vêm ao encontro deles

Quando estavam chegando ao portão, uma comitiva das hostes celestiais saiu ao encontro deles. Os Seres Resplandecentes disseram à comitiva:

— Estes são os homens que amaram ao nosso Senhor quando estavam no mundo, e tudo deixaram por amor ao seu nome santo.

Os trombeteiros do Rei

Também vieram encontrar-se com eles alguns dos trombeteiros do Rei, que fizeram o céu ecoar ao som de sua música melodiosa. Os trombeteiros saudaram a Cristão e a seu companheiro com dez mil clarinadas de boas-vindas. E assim os peregrinos alcançaram o portão.

Enoque, Moisés e Elias

Então vi que os Seres Resplandecentes mandaram os peregrinos chamarem à porta. Ao fazê-lo, Enoque, Moisés e Elias olharam por cima do muro e disseram:

— Esses peregrinos viajaram até aqui pelo amor que têm ao Rei.

Entregam os certificados

Os peregrinos entregaram ali os certificados que haviam recebido no portão estreito. Os certificados foram levados ao Rei, que ao lê-los disse: — Onde estão os homens?

— Estão fora do portão, à espera — informaram-lhe.

Nisso o Rei ordenou que os portões fossem abertos e que trouxessem os peregrinos para dentro.

Os peregrinos recebem harpas e coroas.

Então vi em meu sonho que Cristão e Esperançoso entravam pelo portão. Ao entrarem, foram transfigurados e vestidos com roupas que resplandeciam como ouro. Também receberam harpas e coroas. Ouvi todos os sinos da cidade tocarem alegremente, e os peregrinos ouviram dizer: — "Venha e participe da alegria do seu senhor!" (Mt 25:21).

Ouvi também os próprios homens, cantando bem alto:

— "Àquele que está assentado no trono e ao Cordeiro sejam o louvor, a honra, a glória e o poder, para todo o sempre!" (Ap 5:13).

Ignorância atravessa o rio de barco

Virei para trás e vi Ignorância chegar à beira do rio. Atravessou-o com pouca dificuldade, porque Vã-esperança, um barqueiro, o trouxe para a outra margem em seu barco.

Ignorância sobe o monte

Ignorância também subiu o monte e chegou ao portão; só que ele chegou sozinho. Ninguém lhe deu boas-vindas.

Ignorância não possui certificado

Quando Ignorância bateu à porta, os homens que olharam por cima do muro perguntaram: — De onde você vem? Que deseja?

Ele respondeu: — Eu comia e bebia na presença do Rei e ele ensinava em nossas ruas.

Pediram-lhe então o certificado. Ele levou a mão ao peito à procura de um, mas nada encontrou.

Os Seres Resplandecentes falam com o Rei

Então os anjos entraram e disseram ao Rei que Ignorância tinha chegado. Porém o Rei disse: — Levem-no para fora, amarrem-lhe os pés e as mãos, e lancem-no para fora.

Ignorância é amarrado e lançado para fora

Logo ergueram-no e carregaram-no pelos ares até a porta que eu havia visto ao lado da montanha e jogaram-no lá dentro. E assim eu vi que havia um caminho para o Inferno, até mesmo dos portões do céu.

Então acordei, e eis que tudo tinha sido um sonho.

Compartilhe suas impressões de leitura escrevendo para:
opiniao-do-leitor@mundocristao.com.br
Acesse nosso *site*: www.mundocristao.com.br

Diagramação: Márcia Debs
Fonte: Century Schoolbook
Gráfica: Eskenazi
Papel: Pólen Natural 70 g/m² (miolo)
Cartão 250 g/m² (capa)